# ABOLICIONISTAS
## Pasar a la acción

Torrey Maloof

#### Asesores

**Vanessa Ann Gunther, Ph.D.**
Departamento de Historia
Universidad de Chapman

**Nicholas Baker, Ed.D.**
Supervisor de currículo e instrucción
Distrito Escolar Colonial, DE

**Katie Blomquist, Ed.S.**
Escuelas Públicas del Condado de Fairfax

#### Créditos de publicación

Rachelle Cracchiolo, M.S.Ed., *Editora comercial*
Emily R. Smith, M.A.Ed., *Vicepresidenta superior de desarrollo de contenido*
Véronique Bos, *Vicepresidenta de desarrollo creativo*
Caroline Gasca, M.S.Ed., *Gerenta general de contenido*

**Créditos de imágenes:** portada y págs.8 (izquierda), 12, 17 (superior), 19 (centro), 22, 29 North Wind Picture Archives; portada y págs.1, 11, 24 Bettmann/Getty Images; pág.4 NARA [528979]; pág.5 (superior) LOC [LC-USZC4-544], (inferior) Sally K. Green www.sallykgreen.com; pág.6 De Agostini Picture Library/G. Dagli Orti/Bridgeman; págs.7 (superior), contraportada Hulton Archive/Getty Images; pág.7 (inferior) Photo12/UIG a través de Getty Images; pág.8 (derecha) Universal History Archive/UIG/Bridgeman Images; pág.9 (inferior) LOC [LC-USZ62-112670]; págs.9 (superior, izquierda), 32 Anti-Slavery Mass Meeting Broadside, 1859 December 8. Gov. Wise Executive Papers, Library of Virginia; pág.10 (superior) LOC [LC-USZ62-27876], (inferior) Stock Montage/Getty Images; pág.11 Massachusetts Historical Society; pág.13 (centro, izquierda) Napoleon Sarony Picture History/Newscom, (inferior) Sarin Images/Granger, NYC; pág.14 Serial and Government Publications Division, Library of Congress; pág.15 Hulton Archive/Getty Images; pág.17 (derecha) Schlesinger Library, Radcliffe Institute, Harvard University/Bridgeman Images; pág.18 (centro) Photo Researchers/Getty Images, (derecha) Stock Montage/Getty Images; pág.19 (izquierda) Dominio público; págs.20 (izquierda), 31 National Portrait Gallery, Smithsonian Institution; pág.20 (derecha) Record Group 128; Records of Joint Committees of Congress, 1789-1989; National Archives; pág.21 (superior) Wikimedia Commons/Dominio público, (inferior) Ken Welsh/Bridgeman Images; pág.23 Everett Collection Historical/Alamy Stock Photo; pág.23 LOC [LC-USZ62-5092]; pág.25 LOC [LC-DIG-pga-01888]; pág.26 LOC [LC-USZ62-127754]; pág.27 General Records of the United States Government; Record Group 11; National Archives; pág.29 National Geographic Creative/Alamy Stock Photo; todas las demás imágenes cortesía de iStock y/o Shutterstock.

Library of Congress Cataloging in Publication Control Number:
2024060883

Se prohíbe la reproducción y la distribución de este libro por cualquier medio sin autorización escrita de la editorial.

**Teacher Created Materials**
5482 Argosy Avenue
Huntington Beach, CA 92649
www.tcmpub.com
ISBN 979-8-3309-0210-1
© 2025 Teacher Created Materials, Inc.

# Tabla de contenido

La libertad cueste lo que cueste . . . . . . . . . . . . 4

Las cadenas de la esclavitud . . . . . . . . . . . . . . 6

El movimiento abolicionista . . . . . . . . . . . . . . 8

El camino hacia la guerra . . . . . . . . . . . . . . . . 18

Una nueva batalla . . . . . . . . . . . . . . . . . . . . . 26

¡Compártelo! . . . . . . . . . . . . . . . . . . . . . . . . 28

Glosario . . . . . . . . . . . . . . . . . . . . . . . . . . . 30

Índice. . . . . . . . . . . . . . . . . . . . . . . . . . . . . 31

¡Tu turno! . . . . . . . . . . . . . . . . . . . . . . . . . . 32

# La libertad cueste lo que cueste

"Tiene un muchacho muy atento, señor, pero será mejor que lo vigile con mucho cuidado cuando llegue al Norte", le dijo el capitán del barco de vapor al anciano blanco. Y le advirtió sobre los "**abolicionistas** despiadados" que intentarían quitarle a su esclavo. Lo alentarían a huir para obtener la libertad. Lo que el capitán no se imaginaba era que el anciano blanco con el que estaba hablando era, en realidad, una mujer esclavizada en camino hacia la libertad y que su "muchacho atento" era su esposo.

Ellen y William Craft habían nacido esclavizados en Clinton y en Mason, Georgia, respectivamente. Se casaron y querían tener hijos, pero les daba miedo. A los dos los habían separado de su familia cuando eran muy jóvenes, y no podían soportar la idea de que les arrebataran a sus propios hijos. Por eso, idearon un plan. Como Ellen tenía la piel bastante clara, pensaron que, con el disfraz adecuado, podría hacerse pasar por un señor mayor blanco. William se haría pasar por su esclavo durante el viaje. ¡El audaz plan funcionó! Partieron el 21 de diciembre de 1848. Después de un viaje en barco y otro en tren, llegaron a Filadelfia el día de Navidad. ¡Eran libres!

barco de vapor del siglo XIX

Filadelfia en el siglo XIX

## UN GRAN DISFRAZ

Ellen se cortó el pelo y se puso una venda en la cabeza como si tuviera dolor de muelas. Se puso lentes para ocultar que no sabía leer. Llevaba un cabestrillo en el brazo para que no le pidieran su firma.

# Las cadenas de la esclavitud

    La esclavitud en Estados Unidos comenzó a principios del siglo XVII. Los traficantes de esclavos secuestraban a personas africanas en su lugar de origen y las obligaban a viajar en barcos repletos de gente. Las condiciones en esos barcos eran terribles. Por lo general, las personas esclavizadas viajaban bajo cubierta. No tenían aire fresco ni luz. Iban encadenadas con grilletes y esposas. Casi no recibían comida ni agua. Muchas personas morían durante la agotadora travesía. A las que sobrevivían las vendían en una **subasta** al desembarcar en Estados Unidos.

    Una vez que llegaban al país, las personas esclavizadas eran forzadas a trabajar y recibían palizas por parte de sus esclavizadores. Ni siquiera aquellas cuyos esclavizadores eran más amables tenían permitido disfrutar de la libertad. No tenían derechos ni libertades de ningún tipo. No se les pagaba por su trabajo. No podían aprender a leer y escribir porque era ilegal. Se las consideraba propiedades. Y, como con cualquier propiedad, sus dueños podían hacer con ellas lo que quisieran.

Un barco con personas esclavizadas se dirige a Estados Unidos.

Un barco con personas esclavizadas llega a Virginia en 1619.

Al aprobarse la Constitución de Estados Unidos en 1788, algunos empezaron a cuestionar la **institución** de la esclavitud. ¿Cómo era posible que en un país fundado en la libertad se esclavizara a seres humanos? ¿Acaso la Declaración de Independencia no decía "todos los hombres son creados iguales"?

## UN PEQUEÑO PASO

En 1808, se prohibió traer a nuevas personas esclavizadas a Estados Unidos. Sin embargo, aún se podían comprar y vender personas esclavizadas dentro del país. En consecuencia, su precio aumentó.

cartel en el que se anuncia una rifa de personas

# El movimiento abolicionista

Al principio, Estados Unidos estaba formado por 13 colonias. Después de la Revolución estadounidense, se convirtió en una nación unificada. Sin embargo, los estados que la integraban eran muy diferentes. La vida en los estados del Sur no era igual que en los del Norte.

En el Sur, la **economía** estaba basada en la agricultura. La mayoría de los habitantes tenían granjas pequeñas. Pero algunos poseían granjas enormes llamadas **plantaciones**. Los dueños de las plantaciones usaban mano de obra esclavizada. Las personas esclavizadas plantaban y cosechaban los cultivos, principalmente el algodón. También trabajaban en las casas de los dueños de las plantaciones. Como no tenían que pagarles a todos estos trabajadores, los dueños de las tierras obtenían ganancias enormes.

## LA VIDA EN LAS PLANTACIONES

Los capataces controlaban a las personas esclavizadas que trabajaban en las plantaciones. Si no trabajaban rápido, cometían un error o miraban al capataz de una forma que a él no le agradaba, recibían azotes o palizas.

En el Norte, abundaban las fábricas. El Norte era más industrial. Su economía se basaba en la **manufacturación**. Se fabricaban, vendían y transportaban productos. Las fábricas tenían trabajadores que recibían sueldo. Si bien en los primeros tiempos se usó mano de obra esclavizada, con los años esta práctica se **abolió** gradualmente. En la década de 1830, muchos norteños consideraban que la esclavitud era una institución perversa. Querían abolirla en todo el país. Comenzaron a fundarse organizaciones y sociedades antiesclavistas. Así comenzó el movimiento abolicionista.

La policía disuelve una reunión abolicionista en Boston, en 1860.

anuncio sobre una reunión antiesclavista

# Los protagonistas

Uno de los pioneros del movimiento abolicionista se llamaba William Lloyd Garrison. Garrison creció en Massachusetts. Recibió una educación basada en fuertes **valores** cristianos. De adulto, se opuso a la esclavitud. Exigía que se terminara de inmediato. Quería que todas las personas que estaban esclavizadas fueran liberadas lo antes posible.

En 1829, Garrison escribió un artículo. En él, llamó "bandidos y asesinos" al dueño y al capitán de un barco. Ambos se dedicaban a transportar personas esclavizadas del Norte al Sur. Los hombres lo demandaron. Garrison fue declarado culpable de **difamación**. El juez le ordenó pagar 100 dólares; si no lo hacía, debía pasar seis meses en la cárcel. Garrison no podía pagar la multa, así que fue a prisión. Allí escribió cartas antiesclavistas y las envió a los editores de distintos periódicos. En poco tiempo, el nombre de Garrison se hizo conocido en todo el país.

William Lloyd Garrison

## UNA REVUELTA SANGRIENTA

En 1831, un hombre esclavizado llamado Nat Turner lideró un levantamiento. Después de matar a sus esclavizadores, reunió a otras 75 personas esclavizadas. El grupo mató a unas 60 personas blancas más. Los sureños dijeron que los textos de Garrison habían inspirado el levantamiento.

Al salir de prisión, Garrison empezó a dar discursos para grupos antiesclavistas. Se reunió con personas que habían estado esclavizadas. Escuchó sus terribles historias. Cada vez estaba más empeñado en abolir la esclavitud. En 1831, fundó su propio periódico antiesclavista, llamado *Liberator*. En la primera edición, escribió: "Me haré oír". Y así fue.

ejemplar de *Liberator* de 1865

Esta viñeta política de 1835 muestra una reunión abolicionista en la que Garrison es asaltado y empujado por las calles.

Los hombres no eran los únicos que luchaban por la abolición de la esclavitud. Y no todos los abolicionistas eran del Norte. Dos hermanas de Carolina del Sur también pelearon para cambiar las cosas. Sarah y Angelina Grimké crecieron en una plantación enorme. Su familia esclavizó a muchas personas. Sin embargo, las hermanas nunca aceptaron la esclavitud. Sentían que estaba mal. No soportaban que los miembros de su propia familia golpearan y maltrataran a otras personas.

En 1819, Sarah viajó a Filadelfia con su padre, que estaba enfermo, para que recibiera atención médica. Allí conoció a una agrupación religiosa llamada Sociedad de Amigos. Sus miembros eran conocidos como **cuáqueros**. Estaban en contra de la violencia y la esclavitud. Sarah se sintió cómoda con los cuáqueros. Tiempo después, ella y su hermana se mudaron a Filadelfia y se hicieron cuáqueras. Empezaron a hacer oír su voz en contra de la esclavitud.

Sarah Grimké

Angelina Grimké

Los sureños estaban furiosos y horrorizados con el comportamiento de las hermanas. Pero ellas **perseveraron**. Dieron discursos y escribieron cartas y **panfletos** contra la esclavitud. Entonces, los norteños se enojaron y los cuáqueros también. Para ellos, no estaba bien que las mujeres escribieran o hablaran sobre temas tan polémicos. Pero las hermanas no se rindieron. Dedicaron su vida al movimiento antiesclavista.

## LUCHAR POR OTRA CAUSA

Las hermanas Grimké también se unieron al movimiento por el sufragio femenino. Este movimiento buscaba que las mujeres obtuvieran el derecho al voto. Muchas de las personas que apoyaban el movimiento también eran abolicionistas. Las hermanas se hicieron amigas de una de sus líderes, Elizabeth Cady Stanton (derecha).

casa de reuniones cuáquera

Tal vez el abolicionista más famoso de la época fue Frederick Douglass. Douglass había escapado de la esclavitud. Empezó una nueva vida como hombre libre en Massachusetts. Cada semana, compraba el periódico antiesclavista de Garrison, *Liberator*. En 1841, los dos hombres se conocieron. El encuentro le cambió la vida a Douglass.

Garrison pensaba que la historia de vida de Douglass podía ser una herramienta muy valiosa. Si otros escuchaban esa historia, entenderían que las personas esclavizadas eran seres humanos y no mercancías. Tenían sentimientos. Tenían esperanzas y sueños. Además, Douglass podía hacer que los demás tomaran conciencia de los horrores de la esclavitud. Garrison quería que todos supieran cómo se trataba realmente a las personas esclavizadas en el Sur. Entonces, le pidió a Douglass que contara su historia en una reunión antiesclavista.

### EL NORTH STAR

Douglass también fundó su propio periódico, llamado *North Star* (Estrella polar). Era un nombre apropiado. Quienes escapaban de la esclavitud se guiaban por la estrella polar en su camino a la libertad.

Al principio, Douglass estaba nervioso. No creía tener el coraje para hablar ante tantas personas. Pero no se dejó vencer por el miedo. Habló ante el público reunido y lo hizo con naturalidad. Resultó ser un **orador** magnífico. Sus palabras honestas y conmovedoras impulsaron a muchos a unirse a la causa abolicionista.

Douglass siguió dando discursos. Un día, la Sociedad Antiesclavista de Massachusetts le ofreció trabajo. Le pagarían para que viajara y contara su historia. En poco tiempo, se convirtió en uno de los oradores más populares del país.

### LIBRE AL FIN

Douglass temía que su antiguo esclavizador lo encontrara y volviera a esclavizarlo. Entonces, viajó a Inglaterra, donde la esclavitud era ilegal. Los abolicionistas le pagaron a su antiguo esclavizador por su libertad. A partir de ese momento, fue un hombre libre de verdad.

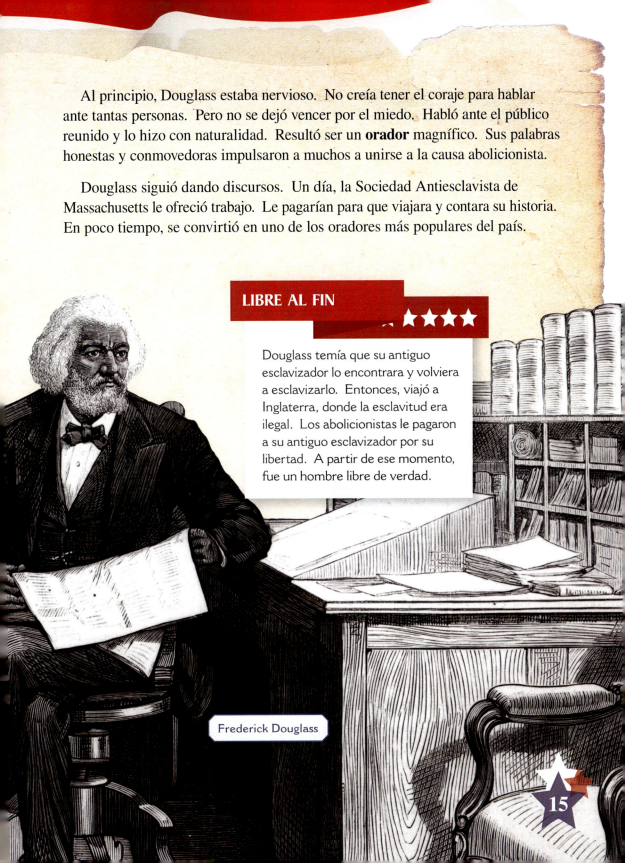

Frederick Douglass

# El Ferrocarril Subterráneo

Los abolicionistas daban discursos y escribían artículos. Publicaban panfletos y libros. Pero una de sus armas más eficaces fue el Ferrocarril Subterráneo. Era una red secreta de casas seguras que ayudaba a las personas esclavizadas a viajar al Norte para alcanzar su libertad.

El Ferrocarril Subterráneo incluía varias rutas. A lo largo de esas rutas, había "estaciones". Eran lugares seguros donde las personas podían descansar. A veces, en las estaciones les daban comida o ropa limpia. Una estación podía ser una casa de reuniones cuáquera o el altillo de la casa de un abolicionista. A las personas esclavizadas se las llamaba "pasajeros" o "carga". Y los "maquinistas" eran quienes llevaban a los pasajeros de una estación a otra. Estas palabras en clave permitieron que el sistema se mantuviera en secreto.

## UN VIAJE PELIGROSO

Los pasajeros debían tener extremo cuidado. Si los descubrían, podían enviarlos de vuelta con sus esclavizadores o incluso matarlos. Para no correr riesgos, muchos viajaban por la noche y se escondían durante el día.

Se suele decir que el abolicionista William Still es el "padre" del Ferrocarril Subterráneo. Fue director de varias estaciones. También arriesgó su vida como maquinista. Se calcula que ayudó a escapar a casi 800 personas esclavizadas.

Harriet Tubman también fue maquinista. Era una mujer fuerte como el acero. Después de afrontar su propio viaje a la libertad, volvió varias veces al Sur para ayudar a escapar a sus familiares y amigos. Pero eso no fue todo. Durante 10 años, tuvo la valentía de llevar a casi 300 personas a la libertad.

# El camino hacia la guerra

La década de 1850 fue una etapa de gran agitación en Estados Unidos. La cuestión de la esclavitud amenazaba con dividir a la nación. El Compromiso de 1850 aumentó la tensión. Se trataba de cinco leyes aprobadas por el Congreso. La primera de esas leyes incorporaba a California a la **Unión** como estado libre. La esclavitud no estaría permitida allí. Una segunda ley incorporaba también a Nuevo México y Utah, que debían decidir por sí mismos si querían ser estados libres o esclavistas. Como parte de la tercera ley, se definió la frontera de Texas. La cuarta ley declaró ilegal el comercio de personas esclavizadas en Washington D. C. Esto alegró a los abolicionistas. Pero la quinta ley los enfureció. Se trataba de la Ley de Esclavos Fugitivos.

El Congreso se reúne para debatir el Compromiso de 1850.

## UNA HISTORIA CONMOVEDORA

La aprobación de la Ley de Esclavos Fugitivos inspiró a Harriet Beecher Stowe (derecha) a publicar *La cabaña del tío Tom*. Su historia narraba la violencia y el drama de la esclavitud. El año en que se publicó el libro, ¡se vendieron 1.5 millones de ejemplares!

La Ley de Esclavos Fugitivos establecía que las personas esclavizadas que huían debían ser devueltas a sus esclavizadores. Todos los ciudadanos debían ayudar a devolver a los fugitivos. Esta ley ya existía desde hacía tiempo, pero la nueva versión era aún más severa. Todo aquel que ayudara a escapar a personas esclavizadas tendría que pagar fuertes multas o incluso podría ir a prisión. También les negaba a quienes huían el derecho a un juicio por jurado. Las personas que habían estado esclavizadas y ahora vivían en libertad en el Norte sintieron miedo. Podrían capturarlas en cualquier momento y enviarlas al Sur. Muchas se fueron a Canadá, donde la esclavitud era ilegal.

Un hombre intenta escapar de la esclavitud.

foto del libro *La cabaña del tío Tom*

Algunos abolicionistas empezaron a impacientarse. Creían que había que hacer algo más que dar discursos y escribir panfletos. Exigían la abolición inmediata de la esclavitud a cualquier costo. "¡Hay que pasar a la acción!", declaró John Brown. Brown era un abolicionista **radical**. En su opinión, se necesitaba una guerra para poner fin a la esclavitud.

En 1854, una nueva ley causó un gran revuelo. La Ley de Kansas-Nebraska puso fin al Compromiso de Misuri. Según el viejo compromiso, Kansas y Nebraska debían haberse incorporado a la Unión como estados libres. Pero esta nueva ley disponía que podían decidir si querían ser estados esclavistas o estados libres. El Norte estaba furioso, ¡y John Brown también!

Muchas personas viajaron a Kansas y Nebraska. Hubo enfrentamientos entre grupos proesclavistas y abolicionistas por el control de los territorios. Se produjeron luchas violentas entre ambos bandos. Este período se conoció como Kansas Sangriento. Brown formó una **milicia** con sus hijos y se dirigió a Kansas. Allí atacaron y mataron a cinco proesclavistas que habían incendiado un pueblo. Este no sería el último acto de violencia que cometería Brown en nombre de la abolición.

### EL COMPROMISO DE MISURI

En 1820, Misuri se convirtió en un estado esclavista, mientras que Maine se incorporó como estado libre. De este modo, la cantidad de estados libres y estados esclavistas del país se mantenía equilibrada. El compromiso también establecía que los futuros estados situados al norte de la frontera sur de Misuri serían libres.

John Brown

el Compromiso de Misuri

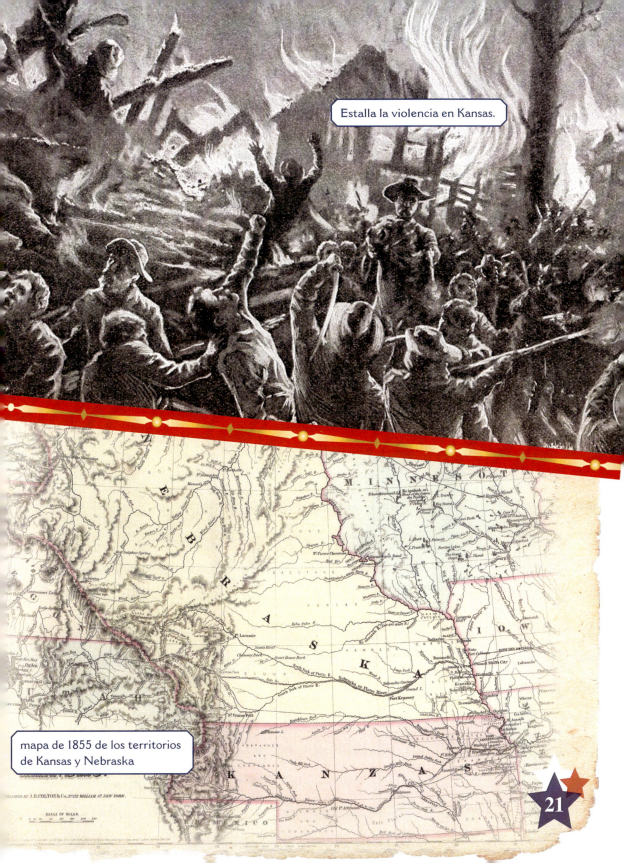

Estalla la violencia en Kansas.

mapa de 1855 de los territorios de Kansas y Nebraska

En 1857, Brown empezó a trazar un plan. Reunió a personas dispuestas a luchar y recaudó fondos. Después, alquiló una granja en Maryland, cerca de Harpers Ferry. En ese pueblo, había un **arsenal federal**. Brown planeaba asaltar el arsenal y llevarse todo el armamento. Les daría las armas a las personas esclavizadas para que pudieran alzarse contra sus esclavizadores. El plan era peligroso. Hasta Frederick Douglass le aconsejó a Brown que no lo llevara a cabo. Pero Brown estaba decidido.

El 16 de octubre de 1859, Brown y sus 21 hombres entraron en Harpers Ferry de noche. Tomaron 60 rehenes y asaltaron el arsenal y otros lugares. Hasta el amanecer, todo salió según lo previsto. Brown dio por sentado que las personas esclavizadas del lugar se iban a sublevar. Pero los habitantes de la zona vieron lo que estaba pasando y acudieron con sus propias milicias. Ninguna persona esclavizada se sublevó. Brown y sus hombres quedaron atrapados en el arsenal. Cuando todo terminó, 10 de los hombres de Brown habían muerto. Cinco escaparon. Los demás fueron capturados, entre ellos, Brown, que estaba herido. Enseguida juzgaron a Brown y lo declararon culpable. Lo ahorcaron el 2 de diciembre de 1859.

Soldados capturan a John Brown en Harpers Ferry.

el juicio a John Brown

## EL CASO DRED SCOTT

Dred Scott era un hombre esclavizado que inició una demanda para obtener su libertad. En 1857, la Corte Suprema resolvió que él no podía exigir su libertad porque las personas esclavizadas no tenían derechos legales. Esto aumentó la tensión en todo el país.

Lincoln se convierte en el decimosexto presidente.

Los abolicionistas dieron otro paso para terminar con la esclavitud. Votaron a Abraham Lincoln para que fuera presidente. Aunque Lincoln había dicho que no pondría fin a la esclavitud en el Sur, sí prometió que no permitiría su expansión. Los sureños no confiaban en él. Antes de que asumiera el cargo, los estados del Sur empezaron a separarse de la Unión. Lincoln prometió mantener unido el país, aunque eso significara una guerra.

La nación estaba oficialmente dividida en dos. En 1861, el Sur formó su propio país, los Estados Confederados de América. El Norte se convirtió en la Unión. En abril de ese año, el ejército confederado atacó el fuerte Sumter. La guerra de Secesión había comenzado. Duró cuatro largos años. Fue la guerra más sangrienta de la historia de Estados Unidos. Murieron más de 620,000 personas, y muchas más resultaron heridas. La guerra terminó en 1865, cuando el Sur se rindió ante la Unión. En diciembre de ese año, la Decimotercera **Enmienda** se convirtió en ley. Abolía la esclavitud de una vez y para siempre.

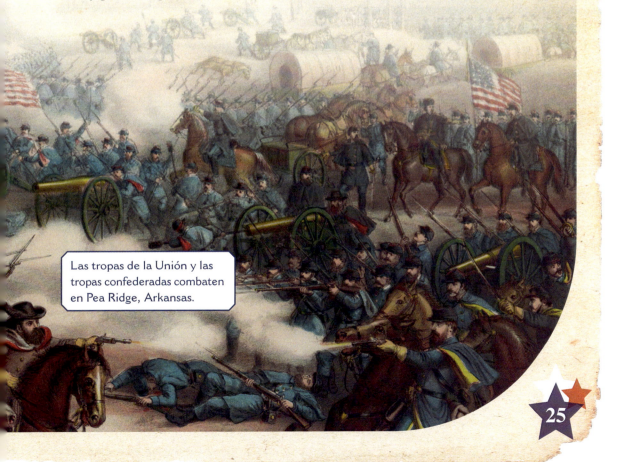

Las tropas de la Unión y las tropas confederadas combaten en Pea Ridge, Arkansas.

# Una nueva batalla

Se había abolido la esclavitud, pero se iniciaba una nueva batalla. Los millones de personas que obtuvieron la libertad tenían que adaptarse a una nueva forma de vida. No era una tarea fácil. Necesitaban trabajo para ganar dinero. Después de la guerra, muchos no tenían donde vivir. Necesitaban comida, ropa y vivienda. Los abolicionistas se dedicaron a ayudar a los afroamericanos a empezar una nueva vida. Pero también tenían otro objetivo. Querían que todos los afroamericanos tuvieran igualdad de derechos y protección ante la ley, algo que no se les había concedido al terminar la guerra.

Después de la guerra, a pesar de ser libres, los afroamericanos sufrieron mucho. Soportaron hostigamiento y violencia. Se enfrentaron al **racismo** a cada paso. Las leyes de **segregación** separaban a las personas blancas de las personas negras. Esto provocó más odio y división. Durante los 100 años siguientes, los afroamericanos lucharon por la igualdad con todas sus fuerzas. Nunca se rindieron ni renunciaron a sus sueños. Habían ganado su libertad. Y ahora estaban decididos a conquistar sus derechos.

Esta ilustración de 1874 muestra cómo se les negaba el derecho al voto a los afroamericanos.

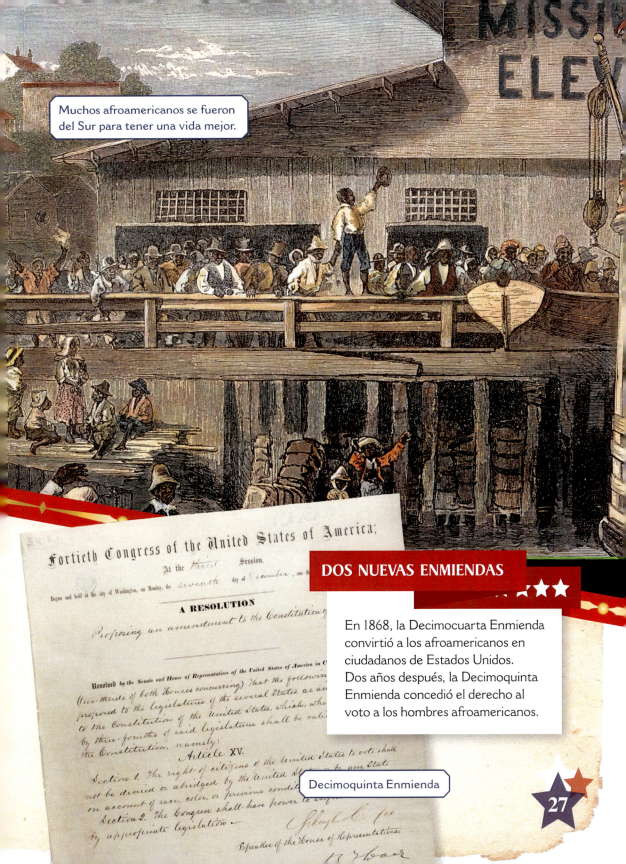

Muchos afroamericanos se fueron del Sur para tener una vida mejor.

## DOS NUEVAS ENMIENDAS

En 1868, la Decimocuarta Enmienda convirtió a los afroamericanos en ciudadanos de Estados Unidos. Dos años después, la Decimoquinta Enmienda concedió el derecho al voto a los hombres afroamericanos.

Decimoquinta Enmienda

# ¡Compártelo!

El Ferrocarril Subterráneo no fue la única vía de escape para las personas esclavizadas. Muchas personas valientes huyeron por sus propios medios. Fueron audaces e inteligentes. Estaban dispuestas a correr los riesgos necesarios para alcanzar la libertad en el Norte.

Investiga en internet o en una biblioteca. Busca alguna de las muchas y asombrosas historias de fuga. Luego, ¡compártela! Cuéntasela en detalle a tus familiares y amigos.

# Glosario

**abolicionistas**: personas que lucharon contra la esclavitud

**abolió**: puso fin oficialmente a algo

**arsenal federal**: un lugar donde el gobierno almacena equipamiento militar y armas

**cuáqueros**: miembros de un grupo religioso cristiano que se visten con sencillez, están en contra de la violencia y tienen reuniones sin ceremonias especiales

**difamación**: algo que se escribe o se dice para dañar el buen nombre de una persona

**economía**: el sistema de compra y venta de bienes y servicios

**enmienda**: un cambio en una ley o un documento

**institución**: una práctica o costumbre aceptada por muchos

**manufacturación**: la acción de convertir materias primas en productos terminados

**milicia**: ciudadanos comunes entrenados en el combate militar y dispuestos a luchar por su país

**orador**: alguien que tiene habilidad para hablar en público y pronunciar discursos impactantes

**panfletos**: publicaciones impresas pequeñas y breves, sin portada, que tratan de un tema concreto

**perseveraron**: continuaron haciendo algo a pesar de grandes dificultades

**plantaciones**: granjas de gran tamaño que producían cultivos para vender

**racismo**: la creencia de que algunas personas son superiores a otras debido a su raza

**radical**: que tiene opiniones sociales o políticas extremas que no muchas personas comparten

**segregación**: la práctica de separar a grupos de personas según su raza o su religión

**subasta**: una venta pública en la que los artículos no tienen precio fijo y se los lleva quien ofrece más dinero

**Unión**: un término que se usa para referirse a Estados Unidos; también fue el nombre del ejército del Norte durante la guerra de Secesión

**valores**: creencias firmes sobre lo que está bien y lo que está mal

# Índice

Brown, John, 20, 22–23
Compromiso de 1850, 18
Compromiso de Misuri, 20
Constitución de Estados Unidos, 7
Craft, Ellen, 4–5
Craft, William, 4
cuáqueros, 12–13
Declaración de Independencia, 7
Douglass, Frederick, 14–15, 22
Ferrocarril Subterráneo, 16–17, 28
Garrison, William Lloyd, 10–11, 14
Grimké, Angelina, 12–13
Grimké, Sarah, 12–13
guerra de Secesión, 25
Harpers Ferry, 22
*La cabaña del tío Tom*, 18–19
Ley de Esclavos Fugitivos, 18–19
Ley de Kansas-Nebraska, 20
*Liberator*, 11, 14
Lincoln, Abraham, 24–25
*North Star*, 14
Revolución estadounidense, 8
Scott, Dred, 23
Still, William, 17
Stowe, Harriet Beecher, 18
Tubman, Harriet, 17–18
Turner, Nat, 10

## Reunión abolicionista

Este documento anuncia una reunión abolicionista en Lawrence, Kansas. La reunión se realizaría el día de la ejecución de John Brown. El titular dice "¡Reunión masiva antiesclavista!" e invita a la comunidad a reunirse el viernes 2 de diciembre a las dos de la tarde en Miller's Hall. Se invita a las personas a declararse en contra del poder esclavista que gobierna la nación y a tomar medidas para organizar la lucha contra la esclavitud. Por último, se anuncia la presencia de oradores destacados.

Crea tu propio cartel para anunciar una reunión abolicionista. Incluye la fecha y la hora del acto. Puedes elegir una fecha importante para la reunión. Usa lenguaje persuasivo para explicar a las personas por qué deberían asistir al acto.